Publications du Groupe " l'ART SOCIAL "

L'Organisation Corporative
et l'Anarchie

Par Fernand PELLOUTIER

Plan de Conférence

Prix : 10 Centimes

L'ORGANISATION CORPORATIVE ET L'ANARCHIE

Publications du Groupe " l'ART SOCIAL "

L'Organisation Corporative et l'Anarchie

Par Fernand PELLOUTIER

Plan de Conférence

Prix : 10 Centimes

BIBLIOTHÈQUE DE L'*ART SOCIAL*
5, impasse de Béarn, Paris.

L'ORGANISATION CORPORATIVE
ET L'ANARCHIE

Plan de Conférence

I

Appliqué à l'état économique et politique actuel, le mot *Société* n'a point de sens. Rien ne ressemble moins, en effet, à l'association, à la combinaison des forces physiques, intellectuelles et naturelles pour le bien-être général, que la mêlée ardente où, bon gré mal gré, les hommes se trouvent actuellement engagés. Anjourd'hui nul effort qui n'ait pour but, ou, tout au moins, pour conséquence, d'annihiler d'autres efforts ; chacun ne songe et ne s'occupe qu'à entraver le libre exercice des facultés de son voisin ; partout règnent la concurrence, la rivalité, l'envie, avec leur inséparable cortège : la calomnie et la violence.

Le médecin appelle la maladie ; le soldat, la guerre ; le commerçant, quelque cataclysme qui raréfie les produits ; l'industriel, une surabondance de bras qui abaisse le taux des salaires ; le p..tre et l'héritier souhaitent de nombreux et opulents morts ; le rentier, peu d'enfants ; l'enfant, peu de frères et de sœurs. Et de tous ces souhaits contradictoires naît une lutte perpétuelle et sans merci à qui se taillera dans le patrimoine social la plus belle et la plus large part, sans ignorer que l'excédent du bien-être est fait de l'excédent de la misère, que des hommes meurent parce que d'autres vivent trop. Rechercher de cet état antagonique la cause, les conséquences (tant au point de vue économique qu'au point de vue politique) et, si c'est possible, le remède : tel est l'objet de cette étude.

La cause d'un tel état, c'est l'existence d'une valeur d'échange, c'est-à-dire d'un signe (que ce signe possède ou non une valeur intrinsèque) chargé de représenter une valeur soi-disant correspondante de produits.

En effet, ce signe a deux vices capitaux : tout d'abord, il se prête à l'accaparement et à la capitalisation ; puis, au lieu de *garantir* le travail, présent ou passé, de celui qui le possède, il ne fait que le *présumer*.

Le signe d'échange se prête à l'accaparement et à la capitalisation parce qu'au lieu de rester signe, c'est-à dire équivalent fiduciaire et toujours exact des produits, il devient à la fois valeur, c'est-à-dire marchandise, objet de trafic, et instrument indispensable du travail. Comme un homme ne peut gagner qu'un autre ne perde (suivant l'expression d'un docteur de l'Eglise), du jour où la violence brutale a introduit l'inégalité dans la possession de ce signe, de ce jour est née la loi de l'offre et de la demande, c'est-à-dire l'augmentation inversement proportionnelle et toujours croissante de la richesse et de la misère, et de leurs conséquences : l'autorité et la servitude.

Si la possession des instruments de production, tout au moins des instruments naturels. le sol, par exemple, était demeurée libre pour tous au lieu de devenir le prix d'une certaine quantité de valeurs d'échange, l'homme, qui, pour une cause quelconque, accidentelle ou naturelle, aurait succombé à la misère, aurait cependant conservé la faculté de s'en évader en reprenant le travail, et l'acquisition d'une nouvelle somme de bien-être n'aurait dépendu que de sa vigueur ou de son intelligence. Mais, en subordonnant l'acquisition des instruments du travail à la possession d'un signe, dont la valeur, nominalement fixe, est en réalité instable et arbitraire, on incita les hommes qui le possédaient à le louer cher, d'abord, c'est-à-dire à n'en délivrer une quantité donnée que contre une quantité *supérieure* de travail (d'où la plus-value, le surtravail, l'usure sous toutes ses formes), et en second lieu, à s'en procurer, *coûte que coûte*, la plus grande quantité possible (d'où la concurrence, le dol et la fraude).

Quant à garantir le travail de celui qui le possède, comment le signe d'échange le pourrait-il ? Puisque sa possession donne la faculté de ne l'échanger que contre une valeur supérieure de travail, qu'il règle, pour mieux dire, la valeur de la production, il est clair qu'après quelques opérations habiles qui auront fait donner peu d'or pour beaucoup de produits et recevoir beaucoup d'or pour peu de produits, l'heureux mercanti sera dispensé soit de tout travail, soit, au moins, d'une partie du travail qu'il aurait dû fournir si tous les hommes avaient été égaux en puissance d'achat. En sorte qu'on peut dire que plus un homme est riche, moins il a travaillé ; sa production utile est inversement proportionnelle à sa richesse.

C'est là l'origine du système social moderne tout entier. Assurément, la violence, le despotisme, la fraude ont précédé la création des signes d'échange ; mais ce sont les signes d'échange qui ont développé, compliqué les rouages sociaux, créé, peut-on dire, la complexe organisation actuelle, et l'histoire ancienne, notamment l'histoire grecque, abonde en témoignages du rôle néfaste joué par eux et des efforts faits par d'illustres législateurs pour en diminuer la malfaisance, soit en en variant la nature et la forme, soit en les rendant d'accumulation difficile.

II

Le jour où (la propriété individuelle constituée, les instruments de production devenus la proie des valeurs d'échange), le propriétaire put vendre ces instruments pour une somme supérieure à leur valeur ou les acquérir pour une somme inférieure, ce jour-là naquit la classe des intermédiaires , c'est à dire des habiles, qui, possesseurs d'assez de valeurs d'échange pour être désormais dispensés d'une production personnelle, ne s'occupèrent plus qu'à acheter au plus bas et à revendre au plus haut prix possible les produits fabriqués par les autres. Et comme ces opérations ne cessaient d'accroître d'âge en âge l'inégalité économique entre l'intermédiaire, le commerçant, et le producteur-consommateur, plus tôt arrivait l'époque où chaque individu avide de remplacer le travail par le négoce pouvait cesser la production utile et devenir à son tour parasite social.

A quel point en est arrivée la disproportion entre le prix d'achat des produits et leur prix de vente, on le sait — sans y réfléchir suffisamment ou sans avoir l'énergie nécessaire pour y mettre un terme. Quelques exemples entre mille.

Certains vins d'Italie, qui valent sur place 6 fr. 50, sont achetés par le commerce en gros 48 francs et revendus de 70 à 80 francs, soit près de quinze fois leur valeur initiale.

L'hectolitre d'alcool acheté à 90° 52 francs est revendu à 45° jusqu'à 3 francs le litre.

Le vêtement payé 12 francs est vendu 35 francs.

Certains articles de lingerie, dont la production (matière et main-d'œuvre comprises) a coûté de 15 à 20 francs par douzaine, sont vendus de 60 à 80 francs en gros, soit quatre fois, et de 7 à 8 francs la pièce, soit près de cinq fois leur valeur.

Et ainsi de même dans toutes les branches de la production, cette plus-value étant absorbée par les droits de douane, les transits compliqués, la rémunération des inutiles commissionnaires, et surtout l'intérêt du capital avancé.

III

La création, le développement et, enfin, la systématisation de cet état de choses ont eu pour résultat la division de l'humanité en deux classes : l'une, peu nombreuse, et comprenant les hommes devenus capables de vivre et de jouir sans travail personnel ; l'autre, composée des millions d'hommes que leur état de misère oblige à produire de plus en plus pour une quantité de moins en moins forte de valeurs d'échange.

Comme cette inégalité numérique des classes laissait à craindre que la seconde n'eût un jour l'idée de secouer le joug de la première ; comme, en fait, chaque âge a vu des révoltes, parfois formidables, parmi les esclaves, les serfs, les prolétaires, la caste des riches, à peine constituée, sentit le besoin de se grouper autour du pouvoir créé à l'origine de chaque état, de le consolider, de l'étendre, d'en faire son œuvre et son instrument.

Dès lors, et progressivement, se constituèrent les milices, les armées, les magistratures, la police, chargées de protéger l'organisme social, les parlements, les ministères, chargés de l'administrer. Et comme ces diverses fonctions coûtaient beaucoup sans rien produire, les pauvres durent redoubler d'efforts pour satisfaire les besoins des parasites. De même que dans l'ordre économique il y avait le mercanti, dont toute la peine (peine stérile et inutile) consistait à transmettre du producteur au consommateur ou inversement l'offre et la demande que ceux-ci auraient pu se communiquer direc-

tement, de même il y eut dans l'ordre politique, et pour la moindre comme pour la plus
importante réforme, l'intermédiaire chargé
d'en recevoir la demande, l'intermédiaire
chargé de l'examiner, l'intermédiaire chargé
d'en ratifier ou d'en dénoncer l'approbation,
l'intermédiaire chargé de l'exécuter, sans
compter mille et un intermédiaires de second
ordre, mobilisant des mois, souvent des années,
des centaines d'hommes pour la réalisation
d'œuvres que l'entente libre et directe des in-
téressés aurait conçues et accomplies en quelques semaines. Et tout cela créé, perfectionné
par la classe pauvre, condamnée ainsi à forger
de ses propres mains les instruments de sa servitude, si bien garrottée aujourd'hui qu'il lui
est devenu impossible de s'évader des rets
sociaux autrement qu'en les brisant.

IV

La Révolution sociale doit donc avoir pour
objectif de supprimer la valeur d'échange, le
capital qu'elle engendre, les institutions qu'elle
crée. Nous partons de ce principe que l'œuvre
révolutionnaire doit être de libérer également
et simultanément les hommes et de toute autorité, et de toute institution qui n'a pas es-

sentiellement pour but le développement de la
production matérielle et intellectuelle. Par
conséquent, nous ne pouvons imaginer la société future (société transitoire, car, si vive
que soit notre imagination, le progrès l'est plus
encore, et demain peut-être notre idéal présent
nous paraîtra bien vulgaire), nous ne pouvons
imaginer la Société future que comme l'association volontaire, libre, des producteurs.

Deux choses nous paraissent évidentes : la
première, c'est que la vie sociale se réduit à
l'organisation de la production. Manger et
penser, tirer de la terre les fruits, du cerveau
les idées : ce doit être là toute l'occupation hu-
maine. Or, quel rôle jouent dans la production
les parasites (économiques et politiques) de
l'état social actuel ? Supposons disparue la valeur marchande des instruments de production,
c'est-à-dire l'obligation de posséder des valeurs
d'échange pour les acquérir, et d'en posséder
beaucoup pour les acquérir à bas prix ; voilà
tous les hommes obligés pour vivre de travailler, mais travaillant cent fois moins, parce
qu'au lieu de travailler pour l'accroissement
du capital, ils ne le font plus que pour leurs
besoins immédiats, et voilà du même coup sup
primés : le commerçant dont la fonction sociale
se borne à louer les valeurs d'échange qu'il a
capitalisées ; le soldat, fait pour conquérir au

commerçant de nouveaux débouchés ou pour contenir la foule des prolétaires ; le magistrat chargé de punir les révoltes ; l'Etat, enfin, à la fois source et produit de la classe dirigeante.

Une vérité non moins évidente, et qui répond à une objection commune, c'est que plus s'accroît la responsabilité personnelle, plus s'affirme la raison inculquée à l'homme, et moins, par suite, celui-ci a besoin de lois et d'entraves pour remplir le devoir social qui est d'ordonner commodément sa vie sans nuire à autrui.

Voyez quelle différence il existe (à égalité même de salaire) entre la production de l'homme qui travaille hors de toute surveillance et la production de celui qui se trouve constamment sous l'œil du maître ; quelle différence de travail entre deux dessinateurs industriels, par exemple, dont l'un opère chez lui, l'autre à l'usine. Le second produit beaucoup moins que le premier. Et pourquoi ? parce qu'il existe au cœur de l'homme, non pas ce sentiment puéril d'insubordination, qu'indique une observation superficielle, mais le noble et hautain désir d'affirmer sa force, son intelligence, le meilleur de soi — sa personnalité.

Au lieu donc d'attendre pour les supprimer que l'homme ne songe plus à violer les lois, il

nous paraît qu'il faut supprimer les lois pour
que l'homme n'ait plus à s'insurger contre
elles.

V

La rationnelle fonction de l'humanité ainsi
rétablie, il reste à instituer l'association des
producteurs : association librement consentie,
toujours ouverte, limitée même, si les asso-
ciés le jugent utile ou simplement le désirent,
à l'exécution de l'objet qui l'a fait naître, telle,
en un mot, que nul n'y ait à redouter les contraintes morales, non moins pénibles que les
contraintes matérielles ; les violences indivi-
duelles, plus sensibles encore que les violences collectives.

Quel doit être le rôle de ces associations ?
Chacune d'elles a le soin d'une branche de la
production : celle-ci, du logement ; celle-là, de
l'alimentation ; cette autre, de l'art. Les unes
et les autres doivent s'enquérir tout d'abord
des besoins de la consommation, puis des res-
sources dont elles disposent pour y satisfaire.
Combien faut-il chaque jour extraire de granit, moudre de farine, organiser de spectacles
pour une population donnée ? Ces quantités
connues, combien de granit, de farine, peuvent être obtenus sur place ? Combien de spec-

tacles organisés ? Combien d'ouvriers, d'artistes sont nécessaires ? Combien de matériaux ou de producteurs faut-il demander aux associations voisines ? Comment faut-il diviser la tâche ? Comment établir les entrepôts publics ? Comment utiliser, aussitôt connues, les découvertes scientifiques ?

Eh ! bien, ces associations, les Bourses du travail actuelles (nom malheureux : Chambres du travail serait plus digne) ne nous en donnent-elles pas une idée ? Ces fonctions, ne sont-ce pas celles qu'ont à remplir, ou qu'aspirent à remplir les fédérations corporatives qui dans dix ans auront uni les travailleurs du monde entier ?

Que dis-je ? la mission actuelle de ces chambres du travail (bien que leur éducation économique soit à peine ébauchée) est beaucoup plus complexe que ne devrait l'être celle des groupes de producteurs dans une société différente de celle-ci. Elles ont pour but de rechercher, non seulement le nombre des professions de chaque contrée, la quantité des produits récoltés, fabriqués ou extraits, la quantité des produits nécessaire à l'alimentation et à l'entretien, la somme de travail nécessaire au maintien de l'équilibre entre la production et la consommation, mais encore les causes si diverses, si insaisissables parfois, de la dépréciation des salaires, la solution des perpétuels conflits entre le capital et le travail ; de faire, en un mot, maintes études absorbantes, qui, nécessitées par l'existence du capital, disparaîtraient avec lui.

Et comment s'acquittent-elles de cette tâche ? très imparfaitement, cela est incontestable, sous l'empire des préjugés économiques, sans cette liberté d'esprit qu'on ne peut posséder qu'après avoir fait table rase de toutes les notions inculquées et de tous les respects imposés par un système social millénaire, mais aussi avec cet instrument formidable, ce guide clairvoyant et sûr qui est la curiosité de connaître. Les efforts qu'elles font peuvent s'égarer et les observateurs superficiels s'en désespérer ; mais le désir du mieux est en elles, leur bonne volonté est ferme, elles ont confusément la conscience de leur force et de leur rôle, n'est-ce pas le gage que tôt ou tard elles trouveront la voie qui nous paraît la meilleure ? qu'un jour ou l'autre elles découvriront dans l'homme qui produit l'unique moteur, et par conséquent dans l'association des producteurs le seul rouage utile de la société ?

Entre l'union corporative qui s'élabore et la société communiste et libertaire, à sa période initiale, il y a concordance. Nous voulons que toute la fonction sociale se réduise à la satis-

faction de nos besoins ; l'union corporative le
veut aussi, c'est son but, et de plus en plus elle
s'affranchit de la croyance en la nécessité des
gouvernements ; nous voulons l'entente libre
des hommes ; l'union corporative (elle le dis-
cerne mieux chaque jour) ne peut être qu'à
condition de bannir de son sein toute autorité
et toute contrainte ; nous voulons que l'éman-
cipation du peuple soit l'œuvre du peuple lui-
même : l'union corporative le veut encore ; de
plus en plus on y sent la nécessité, on y éprouve
le besoin de gérer soi-même ses intérêts ; le
goût de l'indépendance et l'appétit de la ré-
volte y germent ; on y rêve des ateliers libres
où l'autorité aurait fait place au sentiment
personnel du devoir ; on y émet sur le rôle des
travailleurs dans une société harmonique des
indications d'une largeur d'esprit étonnante
et fournies par des travailleurs mêmes (1). Bref,
les ouvriers, après s'être crus si longtemps
condamnés au rôle d'outil, veulent devenir des
intelligences pour être en même temps les
inventeurs et les créateurs de leurs œuvres.

Qu'ils élargissent donc le champ d'étude

------

(1) Nous citerons notamment un rapport présenté
au dernier Congrès des Bourses du travail par
Claude Gignoux, secrétaire, et Victorien Bruguier,
administrateur de la Bourse du travail de Nîmes.

ouvert ainsi devant eux. Que, comprenant
qu'ils ont entre leurs mains toute la vie sociale, ils s'habituent à ne puiser qu'en eux
l'obligation du devoir, à détester et à briser
toute autorité étrangère. C'est leur rôle, c'est
aussi le but de l'anarchie.

FIN

Montdidier (Somme). -- Imp. Léon Carpentier.